JN012965

あなたは
あなたのままでいい

とっておきの聖書のことば23

文 片柳弘史

絵 世界中に笑顔を広げるアーティスト
RIE

PHP研究所

はじめに

　自分なりに精いっぱいやったつもりなのに、望んでいた結果を出せなかった。そんなつもりはなかったのに、周りの人たちを傷つけ、迷惑をかけてしまった。そんなとき、わたしたちはつい、「自分はなんてダメな人間なんだろう」と思ってしまいます。わたしは神父なので、メンタルは強いだろうと思われがちですが、わたし自身、そんなふうにへこんでしまうことがよくあるのです。

　そんなとき、わたしは、机の上においてある聖書に手を伸ばします。聖書には、わたしと同じように失敗を繰り返しながら、それを乗り越えていく人間たちのことがたくさん書いてあるからです。聖書の神さまは、そんな人間たちに忍耐強く寄り添い、人間たちの成長をやさしく見守ります。失敗ばかりしているわたしたちに、「だいじょうぶ。あなたが頑張っているのを、わたしはよく知っているよ。あなたはあなたのままでいい」と語りかけてくださる方、それが聖書の神さまなのです。

　「聖書は世界のベストセラーだと聞いたが、読んでみると難しくて意味がわからない」、そう思っている人もいるかもしれません。確かに、聖書は大昔に、日本とはずいぶん違う文化の中で書かれた本なので、わかりにくいところがあります。でも、そこに描かれているのは、たくさんの弱さを抱えながらも頑張って生きようとしている、わたしたちと同じ人間の姿。日本人であるわたしたちの心にも響く言葉が、けっこうたくさんあるのです。

　そんな言葉の中からとっておきの23を選び、それぞれに一言メッセージと解説をつけたのがこの本です。RIEさんの絵が、言葉にやさしさとぬくもりを添えてくれるでしょう。みなさんのお役に立てば幸いです。

※聖書の言葉は、すべて日本聖書協会発行の『聖書 新共同訳』を使用しています。聖書の言葉の後にある（　）は、聖書の引用箇所を示しています。たとえば、（ルカ 15：20）であれば、「ルカによる福音書」15章20節の引用ということです。

1

あなたは
あなたのままでいい

†

父親は息子を見つけて、憐れに思い、
走り寄って首を抱き、接吻した。
（ルカ15：20）

愛はすぐそばに

　最初に、聖書の中でわたしが一番好きな話を紹介しましょう。父親から大切な財産をわけてもらって都会に出たものの、たちまち財産を使い果たしてしまった息子の話です。

　父親からわけてもらった財産は、自分が父親から相続するはずの財産を前借りのような形で受け取ったものでした。その財産を使い果たし、食べるものにも困ったとき、息子は父親のもとに帰って使用人の一人にしてもらう決心をしました。自分はもう、息子と呼ばれる資格がないと思ったからです。ところが、息子が家に近づくと、思いがけないことが起こりました。家から父親が走ってきて、息子をしっかり抱きしめたのです。なにがあっても、父親にとって息子は息子。かけがえのない人生の宝だったということです。

　わたしが農家の長男で、やはり父親のもとを離れて都会に出た体験があるからかもしれませんが、こ

の話はわたしの心にとても響きます。ずいぶん前に亡くなったわたしの父も、身のほど知らずでわがままなわたしを、いつもあたたかく見守っていてくれました。なにがあっても、自分の息子という理由だけで、わたしを受け入れてくれたのです。

　父が亡くなった後、わたしは人生にすっかり迷ってしまい、生きるための手がかりを求めてインドに渡りました。子どものころから憧れていたマザー・テレサのところに行けば、なにか手がかりが見つかるかもしれないと思ったのです。突然押しかけてきたわたしを、マザーはあたたかい笑顔で歓迎してくれました。満面に浮かんだその笑顔は、まるで、「あなたはとても大切な人。あなたはあなたのままでいいんですよ」といってくれているようでした。その笑顔の中に、わたしは、神さまの愛を見たような気がしました。

　失敗を繰り返しながらも、自分の道を探して一生懸命に生きているわたしたちを、あたたかく見守っていてくれる人たちの愛。家族や友人、学校の先生や職場の仲間たちが注いでくれるそんな愛こそが、聖書の説く神さまの愛です。神さまの愛は、実はもう、あなたのすぐそばに、あなたをあたたかく見守っていてくれる人たちの中にあるのです。

2

花は咲くだけでいい
人は生きるだけでいい

†

神はお造りになった
すべてのものを御覧になった。
見よ、それは極めて良かった。
（創世記1：31）

生きているという
奇跡

　わたしは普段、教会の隣の幼稚園で働いています
が、子どもからはっとする質問を受けることがあり
ます。ある子どもは、庭に咲いている花をまじまじ
と見た後、わたしに「どうしてこの花は、こんなに
きれいなの」と聞いてきました。みなさんなら、ど
う答えるでしょう。わたしはしばらく考えて、「そ
れは、神さまがつくったからだよ」と答えました。
他に答えようがなかったからです。

　聖書の初めに、「創世記」という文書があります。
す。神さまが世界を6日間で造り、7日目に休んだ
と記されている箇所です。神さまが世界を造ったと
いうと荒唐無稽な話に聞こえるかもしれませんが、
この話の出発点にあるのは、幼稚園の子どもが感じ
たのと同じような疑問、ないし感動だったのではな
いかとわたしは思います。この世界はあまりにも美
しく、すべての生き物はあまりにもよくできてい
る。なぜだろう。これはもう、神さまが造ったとし

か考えようがない。そのようにして、神さまが世界を造ったという話が生まれたのではないかと思えるのです。「見よ、それは極めて良かった」と創世記にありますが、確かに、この世界はあまりにもよくできています。

　わたしたちも、この世界の一部であることを忘れないようにしたいと思います。わたしたちは、生きていることを当たり前と思っているかもしれませんが、いまこうして生きていること自体、ある意味で奇跡のようなことです。たとえば、わたしたちの心臓。生まれたときから休むことなく動き続けていますが、これはすごいことではないでしょうか。わたしたちが寝ているあいだも、ずっと動き続けているのです。そして、いつか、わたしたちが予想しないときに止まります。どうしてそうなるのか、誰にもわかりません。

　そう考えると、いま生きているということは、何かに生かされていることなのではないかという気さえしてきます。人間の思いをはるかに超えた、神さまの力で生かされているといってもよいでしょう。生きている。そのこと自体が奇跡なのです。

3

あなたには
立ち上がる力があります

†

あなたは立ち直ったら、
兄弟たちを力づけてやりなさい。
（ルカ22：32）

立ち上がる力

　イエスには、たくさんの弟子から選ばれた12人の弟子たちがいました。ですが、この弟子たちが特に優れていたかというと、聖書を読む限り、どうもそんなことはありません。イエスに何度注意されても、すぐ「12人の中で誰が一番偉いか」といって争い始めたり、イエスから起きていなさいといわれたのに、だらしなく眠りこけたり、たくさんの弱さを抱えた人たちなのです。

　その弱さが最もはっきり表れたのは、イエスが十字架につけられたときでした。あれほどイエスを慕っていたのに、弟子たちは、みんな命惜しさに逃げてしまったのです。一番弟子と目されていたペトロなどは、「あなたと一緒なら、死んでもよいと覚悟しております」とまでいっていたのに、いざとなると逃げだしてしまい、「お前はイエスの仲間だろう」と疑われると、「そんな人は知らない」とさえいってしまったのです。

そんな弟子たちを、イエスはあたたかく見守って
いました。あるときには、ペトロに、「あなたは立
ち直ったら、兄弟たちを力づけてやりなさい」と声
をかけています。口では強がっていても、ペトロが
それほど強い人間ではないこと、命の危険が迫れば
逃げてしまうことを、イエスは知っていたのです。
しかし、同時に、ペトロが逃げただけで終わる人間
ではないということも知っていました。命惜しさに
逃げたとしても、この人のわたしへの愛は変わらな
い。深い後悔と悲しみのときをへて、必ずまた、弟
子として立ち上がることができる。イエスは、そう
信じていたのです。だからこそ、「立ち直ったら」
といったのです。

　自分の弱さに気づくとき、わたしたちは驚き、
「自分はこんなにダメな人間だったのか」と思って
落ち込みます。それは、やむをえないことでしょ
う。しかし、あきらめる必要はありません。わたし
たちの周りには、弱いわたしたちを弱いまま受け入
れ、見守っていてくれる人たちがいるのです。その
人たちの愛に気づいたなら、わたしたちは必ず立ち
上がることができます。何も心配する必要はありま
せん。

4

あきらめなければ
道は必ず開かれます

†

求めなさい。そうすれば、与えられる。
探しなさい。そうすれば、見つかる。
門をたたきなさい。そうすれば、開かれる。
（ルカ11：9）

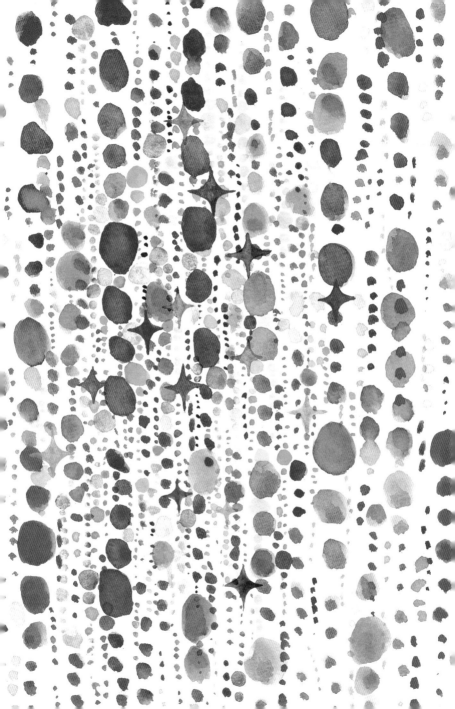

道は開かれる

　教会へは、さまざまな悩みを抱えた人たちがやってきます。ちょっとしたアドバイスで答えが見えてくることもありますが、ほとんどの場合は、話してもどうにもならないような深刻な悩みばかりです。家族のこと、健康のこと、職場の人間関係のことなど、わたしはただ話を聞き、「それはお苦しいですね。また話したくなったらいつでも来てください」というくらいのことしかできないのです。

　ですが、わたしはそれでもいいかなと思っています。なぜなら、そうやって何度も同じ話を聞いているうちに、必ず、事態が好転し始めるときがやってくるからです。世界は変わり、わたしたちを取り囲む状況も、日々、変わっていきます。どんなに行き詰まった状況も、いつか必ず変わるときがくるのです。そのときがくるまで踏みとどまることができるように、その人を支え続ける。それが、神父としてのわたしの役割だと思っています。

あきらめさえしなければ、状況は変わり、道は必ず開かれる。これは、相談にやってくる人たちだけでなく、自分自身のこととしてもはっきりいえる、人生の一つの真実だと思います。ただ、覚えておかなければならないのは、開かれる道が、自分が思っていたのとは違う道である場合も多いということです。わたしは大学生のころ、将来は弁護士になって活躍したいと思っていました。法律を使って、困っている人たちの役に立ちたいと思ったからです。ところが、結果として開かれたのは、神父になるという道でした。まったく予想外のことでしたが、いまとなっては、本当にこの道でよかったなと思っています。自分が本当にやりたかったこと、困っている人たちの苦しみに寄り添うということが、これほど毎日実践できる仕事は、他にないと思うからです。

　わたしたちがあきらめない限り、求め続け、探し続け、門をたたき続けている限り、道は必ず開かれます。そのことを信じながら、一緒に、この人生の道を歩んでいきましょう。

5

何をするにも
タイミングがあります

†

何事にも時があり
天の下の出来事には
すべて定められた時がある。
（コヘレト3：1）

時を待つ

　何をするにも、タイミングというものがあります。たとえば、植物の種には、蒔くのにふさわしい時期があります。その時期を外してしまえば、どんなによい種でも発芽しないか、もし発芽してもうまく育たないのです。「天の下の出来事にはすべて定められた時がある」とは、そういう意味だと考えたらよいでしょう。

　「求めなさい。そうすれば、与えられる」という言葉をご紹介しましたが、求めても、すぐ与えられるとは限りません。何事にも、ちょうどいい時があるからです。たとえば、いまよりも高い地位に就きたいと誰かが願ったとしましょう。確かに、その人は、いつかその地位に就くのにふさわしい力を持った人だけれど、まだ早いということがあります。「いまその地位に就けば、思い上がって取り返しのつかない失敗をするだろう。だが、もう少し経験を積み、苦労して謙虚さを磨けば、はかりしれないほ

ど大きな成果を上げることができる」、そう思った
とき、神さまはその人の願いをすぐかなえるような
ことをしません。ちょうどよい時に、その人の願い
をかなえるのです。

　すぐに願いがかなわないからといって、がっかり
する必要はありません。逆に、願いがかなってしま
った方が大変なことになるかもしれないからです。
「神さまはちょうどよい時に願いをかなえてくださ
る。願いがかなわないということは、まだ時がきて
いないからなんだ」、そう思ったらよいでしょう。

　では、わたしたちは時がくるのを待つしかないか
というと、そういうわけでもありません。「時がき
ていないんだ。わたしはまだ準備不足なんだ」とい
うことを自覚して、しっかり準備をすればいいので
す。さまざまな経験を積み、自分の欠点を直視して
謙虚さを磨き、自分の弱さを知って相手をいたわる
心を身につける。そのような努力によって、時を早
めることはきっとできます。あせったり、自暴自棄
になったりせず、日々こつこつと努力を積み重ね
る。それが、わたしたち人間にできる最善のことな
のです。

6

じたばたすると
かえって状況は悪くなります

落ち着いて
いま何をすべきか
考えましょう

†

お前たちは、立ち帰って、
静かにしているならば救われる。
安らかに信頼していることにこそ力がある。
（イザヤ30：15）

見分ける賢さ

　落ち着いていればなんとかなるのに、じたばたと取り乱し、かえって状況を悪くしてしまう。そんなことがよくあります。たとえば、交際相手との関係が壊れそうなとき、不安になってしつこくメールを送ったり、電話をかけたりしてしまう。相手の気持ちをまったく考えないそのふるまいを見て、相手は「やはり、この人は自分のことしか考えていないんだ」と思い、ますます関係が悪くなる。落ち着いて、相手の気持ちを優先に考えて行動していればなんとかなったのかもしれないのに、かえって自分で関係を壊してしまう。わたしたちは、そんなことをしてしまいがちなのです。

　わたしたちが人生で直面することには、大きくいって二つの種類があります。それは、自分の力ではどうにもならないことと、自分の力でなんとかなることです。自分の力ではどうにもならないことを、さまざまな小細工をしてどうにかしようとすれば、

状況はますます悪くなるでしょう。どうにもならないことは落ち着いて受け入れ、どうにかなることに集中して取り組めば、状況は少しずつよくなっていきます。大切なのは、何がどうにかなることで、何がどうにもならないことなのかをしっかり見分け、それぞれにふさわしい態度をとることでしょう。

　教会で親しまれている祈りの一つに、「静かな心の祈り」と呼ばれる次のような祈りがあります。

変えられないことについては、
落ち着いて受け入れる冷静さを、
変えられることについては、
変えていく勇気を、
そして、変えられないことと、
変えられることを
見分ける賢さを、
神さま、どうぞお与えください。

　わたしは、この祈りを書き写した紙を、いつも部屋のホワイトボードに貼っています。取り乱しそうになったときにこの祈りを読むと、心が静かになるからです。みなさんも、試してみてはどうでしょう。

7

思い込みの殻を破るとき
本当の自分が目を覚まします

†

一粒の麦は、
地に落ちて死ななければ、
一粒のままである。
だが、死ねば、多くの実を結ぶ。
（ヨハネ12：24）

殻を破る

　わたしは子どものころ、あまり自分に自信があり
ませんでした。勉強も運動も苦手だし、特別な才能
があるわけでもないし、自分なんかダメな人間だと
思い込んでいたのです。中学生になって勉強が少し
できるようになりました。得意になったわたしは、
「ぼくは人より勉強ができる。だから価値のある人
間なんだ」と思うようになりました。そう思うこと
で、初めて自分に自信を持つことができたのです。

　しかし、あるとき困ったことに気づきました。勉
強ができるから自分は特別だということで、周りの
人たちを見下すような態度をとっているうちに、み
んなから嫌われてしまったのです。すっかり孤立し
たわたしは、「なんでぼくはみんなから嫌われるん
だろう」と悩みました。悩みに悩み、苦しみに苦し
んで、ようやく気がついたのは、「みんなから嫌わ
れるのは、ぼくがみんなを見下しているからだ」と
いうことでした。自分を守るためにつくった、「自

分は勉強ができるから特別だ」という思い込みの殻が、いつのまにか、自分を閉じ込め、みんなから孤立させる檻になってしまっていたのです。

　そのことに気づいたとき、わたしの心に「自分で勝手につくった殻に閉じ込められるなんて、なんと馬鹿げたことだろう。こんな殻は壊してしまおう」という思いが強く湧き上がってきました。そのときからわたしは、弱いところもあれば、強いところもある、ありのままの自分でみんなとつきあえるようになりました。「自分は自分、これでいいんだ」と思えるようになったのです。

　聖書に「一粒の麦」のたとえ話があります。一粒の麦が、自分を守るための固い殻に閉じこもっていれば、そのまま腐ってしまう。しかし、殻を破って成長すれば、たくさんの実を結ぶという話です。ここでいう殻というのは、自分を守るために自分でつくった思い込みの殻だと考えてもいいでしょう。その殻が、自分が自分らしく生きることを妨げていると思うなら、そんな殻は破ってしまいましょう。あなたは、あなたらしく生きればいいのです。

疲れたときは
休んでもいいのです

†

疲れた者、重荷を負う者は、
だれでもわたしのもとに来なさい。
休ませてあげよう。
（マタイ11：28）

聖なる空間

「疲れた者、重荷を負う者は、だれでもわたしのもとに来なさい。休ませてあげよう」という言葉は、聖書の中で最も人気がある言葉の一つで、日本中の多くの教会で入り口に掲示されています。なぜそれほど人気があるか。それはこの言葉が、「疲れたときは、休んでもいいんだよ」とわたしたちに語りかけてくるからでしょう。「働け働け」「頑張れ頑張れ」と迫る言葉があふれているこの世の中で、「疲れたときは、休んでもいいんだよ。ちょっと休んでいきなさい」という言葉を、神さまからのメッセージとして掲げている場所がある。これは、なかなか素敵なことではないでしょうか。

　教会には、他の娯楽施設などにない一つの特徴があります。それは、世間から切り離された聖なる空間だということです。そのような空間には、わたしたちを世間のしがらみから切り離す力があります。教会という空間では、「あれもしなければならな

い、これもしなければならない」というしがらみから離れ、普段、背負っている荷物を下ろすことができるのです。

　荷物を下ろして神さまの前に座ると、心が小さな子どものようになるのを感じます。普段、大人としてかぶっている仮面を脱ぎ、あるがままの自分に戻ることができるのです。あるがままの自分に戻り、神さまに弱音を吐いたり、苦情をいったりしているうちに、心はだんだん軽くなっていきます。それが、教会で休むということ。神さまの前で休むということなのです。

　教会を一歩出れば、またそれぞれの荷物を背負わなければなりません。ですが、休んだ後なら、もうその荷物はそれほど重く感じないのです。休んでいるあいだに、「これは背負わなくてもいい荷物だ」と気づけば、その荷物は置いていくこともできます。近くに教会がないなら、神社でもお寺でもいいでしょう。どこであっても、世間のしがらみを離れ、素直な自分に戻れる場所なら、そこがあなたの聖なる空間なのです。たまにはちょっと、聖なる空間で心を休ませてみませんか。

9

ないものを嘆くより
あるもので楽しみましょう

†

物が有り余っていても不足していても、
いついかなる場合にも
対処する秘訣を授かっています。
（フィリピ4：12）

あるもので楽しむ

　マザー・テレサは、貧しい人たちの心に寄り添うために、自分自身も貧しい暮らしをしていました。彼女の周りに集まったシスターたちも同じです。ですが、彼女たちの暮らしぶりに、「貧しい人たちに寄り添うために、この貧しさを耐えなければ」というような悲壮な感じはまったくありませんでした。むしろ、「どんなお金持ちよりも、毎日を楽しく暮らしているのではないか」という印象さえ受けたのです。

　たとえば、ある修道院のシスターたちは、近くのお店をまわって、もう売れなくなった食べ物をわけてもらい、それを食べて生活しています。当然、その日によってもらえるものは違い、多くもらえるときも、あまりもらえないときもあります。ですが、シスターたちは、もらったものを見ると、「今日は、久しぶりにあの料理ができるわね」「この野菜は、こう使ったらまだ食べられるかも」などと楽し

そうに話しながら料理を作り、できあがったものを、「きゃー、失敗しちゃった」とか「意外とおいしいわね」などといいながら楽しそうに食べているのです。

　彼女たちの幸せの秘訣は、与えられたものを最大限に生かして人生を楽しむこと。与えられていないものを嘆かないことにあるといってよいでしょう。これは、人生のさまざまなことに当てはまると思います。たとえば、自分に与えられた能力。「他の人と比べて自分の能力は劣っている。なぜあの人のような能力がないのだろう」と嘆いていれば、気持ちは暗くなるでしょう。ですが、「わたしにもこんな能力がある。この能力を生かせば、あれができるし、これだってできるかも」と考えれば、楽しくなってくるはずです。病気や老いによって能力が衰えたとしても、まだ残っている能力を見て、「この能力があれば、まだあれができるし、これだってできるかも」とわくわくしていれば、きっと楽しい毎日を過ごせるでしょう。「ないものを嘆くより、あるもので楽しむ心」さえあれば、わたしたちは、どんなときでも幸せになれるのです。

10

明日のことを心配するより
今日できることをしましょう

†

明日のことまで思い悩むな。
明日のことは明日自らが思い悩む。
その日の苦労は、
その日だけで十分である。
（マタイ6：34）

今日できること

「まさかこんなことになるなんて。これから先、いったいどうなるんだろう」。そう考えて気持ちがぐっと落ち込み、何もする気がなくなってしまう。そんな体験は、きっと誰にでもあるのではないでしょうか。わたしも、これまでの人生でそんなことが何度もありました。家族や自分の病気、信頼していた相手の裏切り、不本意な人事など、思いがけない出来事が起こったとき、わたしたちは自分の無力さに打ちのめされ、先のことが不安で仕方がなくなってしまうのです。

　自分の無力さを知れば知るほど、先のことが不安で仕方がなくなる。それは、人間として当然のことでしょう。でも、だからといって、「困った。どうしよう」と悩んでばかりいたらどうなるでしょう。いまできることがあるのに、悩んでばかりで何もしなければ、明日の状況は、ますます悪くなってしまうかもしれないのです。「今日できることをしてお

けば、明日は必ずよくなる。明日のことは明日にまかせて、今日できることをしよう」、明日のことが不安で仕方がないとき、わたしはそんなふうに考えて気持ちを切り替えるようにしています。

　一度先のことが不安になると、次々に悪いことばかり思い浮かんできます。「ああなったらどうしよう、こうなったら困る」と想像しているうちに、最悪の事態さえ脳裏をよぎり始めるのです。心配で疲れ果て、泣きたいような気持ちになることもあります。ですが、これは自分の体験からはっきりいえることですが、わたしたちが心配していることのほとんどは、実際には起こりません。わたしたちは、自分で勝手に心配を膨らませて、心を無駄に疲れさせてしまうことが多いのです。

　明日がどんな日であるかわからない以上、明日のことを心配してもどうにもなりません。わたしたちにできるのは、目の前にある今日、いまこのときを精いっぱいに生きることだけなのです。明日のことは明日にまかせて、今日できることを見つけましょう。

11

忙しさに押し流されて
何のために始めたのかを
忘れないようにしましょう

†

あなたは多くのことに思い悩み、
心を乱している。
しかし、必要なことは
ただ一つだけである。
（ルカ10：41−42）

本当に大切なこと

　幼稚園には、運動会、遠足、お芋掘りなどたくさんの行事があります。それぞれの行事に教育目的があるのですが、共通しているのは、行事を通してみんなの絆を強め、子どもたちの心に一生残るような楽しい思い出を作ることです。普段の保育やさまざまな行事を通して、「この幼稚園では、みんなぼくを、わたしをとても大切にしてくれる。この幼稚園に来てよかった」と子どもたちに思ってもらえることが、わたしたちの何よりの願いなのです。

　ところが、行事がたてこんでくると、ときどき困ったことが起こります。行事をすること自体が目的になり、子どもたちとの関わりがおろそかになることがあるのです。「あれもしなければ、これもしなければ」と思っているうちに、いらいらして子どもたちに厳しいことをいってしまう。そんなことも起こります。子どもたちのためにする行事なのに、そのせいで子どもたちとの関わりがおろそかになるな

ら、これはまったく本末転倒です。

　そんなとき、わたしが思い出すのが、「あなたは多くのことに思い悩み、心を乱している。しかし、必要なことはただ一つだけである」という聖書の言葉です。子どもたちのために、あるいは自分にとって大切な誰かのために、「あれもしたい、これもしたい」と考えるのはとてもいいことですが、忙しさの中で心にゆとりがなくなると、それがいつのまにか「あれもしなければならない、これもしなければならない」に変わってしまうことがあります。ついには、いらだって、「あなたのために、わたしはこんなに忙しくしているのよ」と相手に苦情をいうことさえ起こってしまうのです。それではまったく、本末転倒だといってよいでしょう。

　忙しくて心にゆとりがないとき、周りの人にやさしくなれないときには、ちょっと立ち止まって、「自分は何のために忙しくしているのか。そもそも、何のために始めたのか」と考えてみるのがいいでしょう。子どもたちのこと、大切な誰かのことを思い出せば、きっとまた、にっこり笑顔が戻ってくるはずです。

12

試練が与えられるときには
乗り越えるための力も
必ず与えられます

†

神は真実な方です。
あなたがたを耐えられないような
試練に遭わせることはなさらず、
試練と共に、それに耐えられるよう、
逃れる道をも備えていてくださいます。
（第一コリント10：13）

乗り越えるための力

　若いころ、結核にかかって長期入院したことがあります。インドでボランティアとして働いているあいだに、結核に感染してしまったのです。日本に帰って病院へ行くと、すぐ入院ということになりました。わたしが感染したのは、耐性菌と呼ばれる薬があまり効かない菌で、治療にはとても時間がかかるとのことでした。

　結核の隔離病棟で過ごす毎日は、とてもつらいものでした。初めの何カ月かは、毎日、熱が出て、起き上がるのも難しい日々が続きました。かろうじて効く薬が見つかったものの、「本当によくなるのだろうか。これから先、わたしの人生はどうなってしまうのだろう」などと考えて、暗い気持ちになることもありました。

　しばらくして、思いがけないことが起こりました。わたしが入院しているということを聞きつけた知り合いの神父さんが、わざわざお見舞いに来てく

れたのです。その神父さんから話が伝わったのでしょう、やがて教会の仲間もお見舞いに来てくれるようになりました。結核の隔離病棟ですから、お見舞いに来るといっても、なかなか勇気がいることだったろうと思います。それにもかかわらず、何人もの人たちがお見舞いに来てくれたのです。大学時代の友人たちからも、お見舞いの手紙や品物が届きました。中には、それほど親しいわけではなかったのに、病気になったわたしをとても心配して、真心のこもった手紙と、病床で慰めになる絵本を送ってくれた人もいました。

　わたしは本当に感動しました。こんなにもたくさんの人たちがわたしのことを心配してくれるなんて、まったく思いもよらなかったからです。病気はとても苦しいことでしたが、わたしのことを心配してくれる人たちがこんなにもいると気づけたこと、自分は一人ぽっちじゃないんだとわかったことは、とても大きな恵みでした。試練が与えられたからこそ、気づくことができる恵みがあります。試練が与えられるときには、それを乗り越えるための力も必ず与えられるのです。

13

心の空しさは
愛によってしか
満たすことができません

†

なんという空しさ
なんという空しさ、
すべては空しい。
（コヘレト 1：2）

本当の幸せ

　努力してお金や権力を手に入れ、さまざまな欲望を満たしても、心にはいつも空しさが残る。何かを成し遂げ、有名になったところで、死んでしまえばすぐ忘れられるだろう。そうだとすれば、頑張って生きることに、いったいどんな意味があるのか。旧約聖書に収められた「コヘレトの言葉」には、そのような人間の嘆きと問いが率直に記されています。お金や権力、名誉を手に入れ、欲望を満たしても心が満たされないとすれば、いったいどうしたら、わたしたちの心は満たされるのでしょう。わたしたちは、どうしたら幸せになれるのでしょう。

　現代の社会で多くの人が求めている幸せの一つに、「成功して、みんなからチヤホヤされること」があります。わたしも若いころは、そんな幸せに憧れていました。しかし、歳を重ねるにつれて、この幸せにはとても大きな欠陥があることに気づきました。成功したからという理由で集まってきて、チヤ

ホヤしてくれる人たちは、失敗したらすぐにいなくなってしまう人たちなのです。そのような人たちに囲まれてチヤホヤされて、本当に幸せでしょうか。「この人は、わたしではなく、わたしの成功に惹かれているだけなんだ」と思えば、相手に心をゆるすことさえできないでしょう。

　では、幸せとは何なのでしょう。わたしはいま、幸せとは、たとえ失敗しても、自分を見捨てない人がいてくれることではないかと思っています。失敗しても成功しても、いつも自分を大切に思ってくれる人、あるがままの自分を受け入れ、愛してくれる人がたった一人でもいるなら、わたしたちは、それだけで十分に幸せなのです。

　どんなに欲望を満たしても、心には空しさが残ります。人間の心を満たすことができるのは愛だけなのです。聖書には、「肥えた牛を食べて憎み合うよりは青菜の食事で愛し合う方がよい」（箴言15：17）という言葉もあります。成功にこだわる必要はありません。たった一人とでも愛し合い、心の絆を結ぶことができたなら、わたしたちの人生には確かに意味があるのです。

14

地位や財産を手に入れても
そのために思い上がり
自分を見失ってしまうなら
何の意味もありません

†

人は、たとえ全世界を手に入れても、
自分の命を失ったら、何の得があろうか。
（マタイ16：26）

自分を取り戻す

　わたしは教会で働く神父ですが、教会には神父のことを、「神父さま」と呼ぶ習慣があります。神父が一生結婚せず、すべてを神に捧げて生きることからついた敬称でしょう。ある意味で自然なことだと思うのですが、「神父さま、神父さま」と呼ばれているうちに、神父の心に勘違いが生まれることがあります。自分は「神父さま」なのだから尊敬されて当然だと思い、尊敬してくれない人に腹を立てたりするようになるのです。

　みんなに奉仕するからこそ尊敬されていた神父が、奉仕するのをやめ、みんなから奉仕されるのが当然だと思うようになったらどうでしょう。「わたしは神父なんだぞ。もっと尊敬しろ」などというたびに、ますます尊敬を失い、孤立するに決まっています。思い上がって自分を見失った神父は、決して幸せになれないのです。

　わたしもこのようにすぐ思い上がる神父の一人な

のですが、そんな神父はどうしたら救われるでしょう。必要なのは、自分が何のために神父になったのかを思い出すことだと思います。さまざまな苦しみを抱えている人たち、深い悲しみの中にある人たちを放っておくことができない。その人たちのために、何かせずにはいられない。そのように考えて神父の道を選んだ最初の気持ちを思い出し、その気持ちのままに行動する。そうすれば、またきっと信徒たちから尊敬される、いい「神父さま」に戻れるに違いありません。

　わたし自身のことを例にしてお話ししましたが、このようなことは、どこでもあるのではないでしょうか。たとえば、家庭で、「わたしはお前の親なんだからもっと尊敬しろ」と子どもにいえば、子どもは「だったらもっと親らしくすれば」と反論するでしょう。会社で「わたしは課長なんだからもっと尊敬しろ」と部下にいえば、部下は「だったらもっと部下を大切にしてください」と反論するかもしれません。初心にかえり、本来の自分を取り戻すこと。自分の本来の役割は何なのかを忘れないことこそ、幸せへの道の第一歩なのです。

15

自分を受け入れられたなら
相手も受け入れられるでしょう

†

隣人を自分のように愛しなさい。
（マルコ12：31）

自分を信じる

「『隣人を自分のように愛しなさい』といわれても、そもそも自分を愛することができません。こんな欠点だらけの自分を、どうしたら愛することができるのですか」、そんなふうに質問されることがあります。その気持ちは、わたしもよくわかります。わたし自身、自分をダメな人間だと思い、自分を愛せなくなることがときどきあるからです。

そんなときわたしは、これまでの人生の中でわたしをあたたかく受け入れてくれた人たちを思い出すようにしています。その人たちも、わたしの弱さや欠点、未熟さには気づいていたでしょう。でも、それにもかかわらずわたしのことを思いやり、弱さや欠点、未熟さも含めて、あるがままのわたしを受け入れてくれたのです。わたしが間違ったことをいったり、したりしても、「誰しも間違いはある。間違いを繰り返しながら、ゆっくり成長していけばいいんだよ」、そんなふうに思ってわたしを受け入れて

くれたのです。わたしの成長を信じ、あたたかく見守ってくれた人たちがいたからこそ、わたしはここまでやってこられた。そのことを思い出すとき、わたしの心に変化が生まれます。「こんなわたしを、みんなあたたかく受け入れてくれた。自分でも、こんな自分を受け入れてみよう。もう一度、自分を信じてみよう」と思えるようになってくるのです。

　こうして自分を受け入れられるようになると、自然と「隣人を愛する」こともできるようになります。相手が何か失礼なことをいったり、迷惑をかけたりしても、「まあ、わたしだって、いろいろ間違いながらここまで成長してきた。そんなわたしの成長をあたたかく見守っていてくれる人たちがいたからこそ、ここまでやってこられた。わたしも、この人を信じてみよう」。そんなふうに思えるようになるのです。それが「隣人を愛する」ということだとわたしは思っています。わたしたちは、これまでたくさんの人から愛されてきました。今度は自分が、自分を、そして隣人を愛する番です。

16

あなたの頑張りを
神さまは
ちゃんと見ています

†

わたしの兄弟である
この最も小さい者の一人にしたのは、
わたしにしてくれたことなのである。
（マタイ25：40）

報いはきっとある

　自宅で高齢者を介護している方や、子育て中の方から、「こんなに頑張っているのに、誰も認めてくれないし、相手も感謝してくれない。まるで、わたしがするのが当たり前のような顔をしている」という嘆きを聞くことがあります。その気持ちは、ちょっとわかる気がします。「こんなに頑張ってみんなのために働いているのに、誰もわかってくれない」と思うことは、わたしもときどきあるからです。

　聖書の中に、励みになりそうな話があります。世界の終わりに、天国に行く人をイエスが選ぶという場面で、選ばれた人たちに向かってイエスが「あなたはわたしがお腹を空かせていたときに食べさせてくれた。裸のときに服を着せてくれた。だから、天国に入りなさい」といったという話です。いわれた人たちは、みんなびっくりします。なぜなら、これまでイエスと会ったことなどなかったからです。「いつそんなことをしたでしょう」とたずねる人た

ちに、イエスは「この最も小さい者の一人にしたのは、わたしにしてくれたことなのだ」と答えました。つまり、あのとき食事の介助をしたあの高齢者、服を着せてあげたあの子どもは、実はみんなイエスだったということです。わたしたちが誰かに捧げた愛は、すべて神さまのもとに届いている。神さまはすべてを知っていて、必ず報いてくださる。そんな希望を抱かせてくれる話だと思います。

　世界の終わりまで待たなくても、生きているあいだにもいいことはあります。誰かのために捧げた愛は、いつまでもわたしたちの心に残って、わたしたちの人生を豊かにしてくれるのです。「わたしはあの人を心から愛した。あの愛だけは偽りがない」と思えるほどの愛は、「生まれてきてよかった」という確信を生み、わたしたちの人生をしっかり支えてくれるのです。愛することが、生きる力になるといってもいいかもしれません。相手が感謝してくれなくても、誰も気づいてくれなくても、決して損にはなりません。神さまは、ちゃんと報いてくださるのです。

17

苦しいときには苦しいと
正直にいっていいのです

†

わが神、わが神、
なぜわたしを
お見捨てになったのですか。
（マルコ15：34）

かっこつけなくていい

　十字架につけられたイエスが、息を引き取る前に、「わが神、わが神、なぜわたしをお見捨てになったのですか」と大きな声で叫んだと聖書は記しています。神の子、救い主として敬われている人にふさわしくない言葉のようにも聞こえますが、わたしはこの言葉を読むたびにとても安心します。「神さまの前ではかっこつける必要がないんだ。神さまは、わたしたちが自分の弱さをさらけ出しても、そのまま受け入れてくださるんだ」と思えるからです。

　「自分の弱さを人前にさらすのはみっともないこと。弱みを見せず、強く生きなければならない」、そんな考えがあるからでしょうか、わたしたちは人前で自分の弱さを見せることが苦手です。ですが、それは本当の強さなのでしょうか。それは本当の強さではなく、ただの「強がり」なのではないかと思うことがあります。強がって我慢し、人前でいいと

ころだけを見せている人が、あるとき耐えられなく
なってポキンと折れてしまう。逆に、ときどき弱音
を吐いている人が、弱音を吐きながらも最後までし
ぶとく生き残る。そんなことがよくあるからです。
自分の弱さを率直に認め、それを人前でさらけ出せ
る人。弱さをさらけ出しながらもマイペースで進
み、最後までたどり着いてしまう人。そんな人こ
そ、本当の意味で強い人なのではないでしょうか。

　自分の弱さをさらけ出せる人は、人に助けを求め
ることもできます。人に助けを求めることができる
人は、逆に、人から助けを求められたときには、そ
の人のために自分にできる限りのことをしようとす
るでしょう。そのようにして互いの弱さを補いあい
ながら、一人ではとてもできないことさえ成し遂げ
てゆくのです。これは、強さだといっていいでしょ
う。聖書には「わたしは弱いときにこそ強い」（第
二コリント12：10）という言葉もあります。人間
の本当の強さは、弱さの中でこそ発揮されるという
ことです。かっこつける必要はありません。苦しい
ときには、苦しいといえばいいのです。

18

わたしたちには
それぞれ
自分にしかできない
大切な役割があります

†

目が手に向かって
「お前は要らない」とは言えず、
また、頭が足に向かって
「お前たちは要らない」とも言えません。
（第一コリント12：21）

それぞれの役割

　自分と同じくらいの年齢で、似たようなバックグラウンドの人が、華々しい活躍をして世間からもてはやされているのを見ると、つい自分とその人を比べてしまう。「あの人はあんな大活躍をしている。それに比べて、自分は何もできない」と考えてみじめな気持ちになる。そんなことは、誰にでもあるのではないでしょうか。わたし自身も、そんなことがよくあります。

　自分にだってできることがあるし、実際に毎日、自分にできることを精いっぱいやっているのに、つい「自分は何もできない」と思ってみじめな気持ちになってしまう。それはきっと、世間からの評価を気にしているからでしょう。自分は頑張っても世間からあまり評価されない。だから何もできない、つまらない人間だ。わたしたちは、そんなふうに考えてしまいがちなのです。

　でも、そんなふうに思っているのは自分だけかも

しれません。ためしに周りの人たちに聞いてみたら
いいでしょう。子どもは、「お母さんが毎日、ぼく
たちのために食事を作ったり、お洗濯をしてくれた
りして、本当にうれしいよ」といってくれるかもし
れないし、職場の人は、「あなたのお陰でとても助
かっているよ。あなたがいないと、ここはどうにも
ならないからね」といってくれるかもしれません。
わたしたちにも、それぞれの場で、自分にしかでき
ない大切な役割があるのです。

　聖書は、そのことを教えるために、社会を人間の
体にたとえています。人間の体を作っているさまざ
まな部分には、それぞれ大切な役割があり、目が手
に向かって「お前は要らない」ということはできな
いし、頭が足に向かって「お前は要らない」という
こともできない。それと同じように、社会という大
きな体の一部であるわたしたちにも、それぞれに大
切な役割があり、そのあいだに優劣など存在しない
というのです。目立つかどうか、世間から評価され
るどうかだけで、自分の価値を決める必要はありま
せん。わたしたちにはそれぞれ、わたしたちにしか
できない大切な役割があるのです。

19

小さなことに
誠実に取り組む人こそ
どんなことにも
誠実に取り組む人なのです

†

ごく小さな事に忠実な者は、
大きな事にも忠実である。
ごく小さな事に不忠実な者は、
大きな事にも不忠実である。
（ルカ16：10）

誠実な生き方

　人が見ていないところで手を抜いたり、さぼったりするずるい人もいるけれど、不器用な自分にはそんなことができない。なんだかいつも、自分ばかり損をしているような気がする。そんな悩みを聞くことがあります。ずるい人は、上司の前ではいい顔をして、上司から気に入られるのも得意なことが多く、中には人を陥れるようなことをする人までいて、世の中なぜこんなに不公平なのかと嘆かずにいられない。わたしも似たような状況でくやしい思いをしたことがあるので、その気持ちはよくわかります。

　ですがいまのわたしは、これまでの人生経験から、「そのような人たちに、それほど腹を立てる必要はない」とはっきりいえます。なぜなら、ずるいことを平気でするような人は、そのときは得をしているように見えても、長い目で見て必ず損をするからです。人の見ていないところで仕事をさぼるよう

な人は、人生のどんな場面でもそのようにふるまうため、しだいに周りの人から信用されなくなっていきます。「あの人は、自分のことしか考えていない人だ」と思われるようになり、誰からも相手にされなくなってしまうのです。

　反対に、人が見ていないところでも、自分に与えられた役目をきちんと果たす人。自分の利益にならないことでも、みんなのために一生懸命にやる人は、長い目で見たときに必ず得をします。そのような人は、しだいに、「あの人は、自分のことだけでなく、みんなのことをしっかり考えられる人だ」と思ってもらえるようになり、みんなから信用されるようになるからです。すぐにはそうならなくても、5年、10年という長い目で見たら、必ずそのような結果になります。心配することはありません。

　結局のところ、それはその人の誠実さの問題だといっていいでしょう。最後に幸せをつかむのは、自分のことだけでなく、周りの人たちのこともしっかり考えられる人。たとえ不器用でも、いつも誠実に生きようとしている、あなたのような人なのです。

20

ゆるしてもらったことを
思い出せば
ゆるすことができるでしょう

†

あなたたちの中で
罪を犯したことのない者が、
まず、この女に石を投げなさい。
（ヨハネ 8 ： 7）

互いにゆるしあう

　聖書の中に、イエスが、姦通（現在でいう不倫）の女をゆるす場面があります。あるとき、姦通の現場で捕まった女性がイエスの前に連れてこられました。当時の掟では、そのような女性は、石を投げつけて処刑することになっていたのですが、人々はイエスに、それでいいかとたずねます。そのときイエスがいったのが、「あなたたちの中で、罪を犯したことのない者が、まず、この女に石を投げなさい」という言葉です。いわれた人たちは、年長者から始めて一人、また一人と立ち去ってしまい、結局、誰も彼女に石を投げる人はいませんでした。

　何か悪いことをした人を、みんなでよってたかって攻撃する。SNSでのいわゆる「炎上」を含めて、そのような場面をわたしたちも目にすることがあります。場合によっては、自分が攻撃する側にまわっていることもあるでしょう。わたしもときどき、SNSのニュースを見て腹を立てていることが

あるので、その気持ちはわかります。自分がぎりぎりまで頑張っているときに、誰かがずるいことやふざけたことをしているのを見ると、わたしたちはつい、その人を攻撃したくなってしまうのです。

　そんなときわたしは、「この人を責める資格がわたしにあるだろうか。わたしが間違いを犯したとき、みんながゆるしてくれたからこそ、いまのわたしがあるのではないか」「あのとき、あの人がいまのわたしと同じくらいの厳しさでわたしを責めていれば、いったいどうなっていただろうか」、そんなふうに考えるようにしています。そうすることで、荒んでいた心が少しずつ穏やかになり、相手をいたわる気持ちを取り戻せるからです。

　ゆるすというのはとても難しいことで、わたしにとっても一生の課題ですが、このようなやり方で意外とゆるせる場合もあります。心が荒んで誰かを攻撃したくなったときには、自分がどれだけゆるされてきたか、みんなから愛されてきたかを、どうか思い出してみてください。それぞれに弱さを抱えたわたしたちは、ゆるしあわずには生きられないのです。

21

あの人には
あの人の幸せがあり
あなたには
あなたの幸せがあります

†

わたしの来るときまで彼が生きていることを、
わたしが望んだとしても、
あなたに何の関係があるか。
あなたは、わたしに従いなさい。
（ヨハネ21：22）

それぞれの幸せ

　いろいろなことがうまくいかないと感じていると
きに、他の人がうまくやって幸せそうにしているの
を見ると、どうしてもその人のことが気になってし
まいます。「どうしてあの人ばかり幸せになって、
わたしは幸せになれないのだろう」と、つい考えて
しまうのです。わたしもときどき、そんなことがあ
ります。

　イエスの弟子にもそんなことがあったようで、あ
るとき弟子の一人が、イエスに特にかわいがられて
いるように見える弟子について、「この人はこれか
らどうなるのでしょう」とイエスにたずねる場面が
聖書にあります。イエスは、その弟子に向かって、
「あなたに何の関係があるのか」といいました。き
っと、やさしく教えるような口調でいったのでしょ
う。あの人にはあの人の人生があり、あなたにはあ
なたの人生がある。他の人のことは気にしないで、
自分の人生をしっかりと生きなさい。そんなことを

伝えたかったのだろうと思います。

　キリスト教では、わたしたち一人ひとりに、違う使命が与えられていると考えます。ある人には子どもたちを世話する使命、ある人にはみんなのためにおいしい料理を作る使命、ある人には病人や高齢者のために働く使命というように、人それぞれに違った使命があると考えるのです。使命というのは、その人に本当に向いていること、それをしているときに「生まれてきてよかった」と感じられることなので、使命を果たすことは、そのままその人の幸せにつながります。一人ひとりの使命が違う以上、一人ひとりの幸せの形も、当然、違ったものになるでしょう。わたしたちには、一人ひとり違った使命、違った幸せが準備されているのです。

　一人ひとりに違った幸せがある以上、他人の幸せを気にしても意味がありません。それは、あくまでその人の幸せであって、わたしたちがその幸せを手に入れたとしても、決して幸せにはなれないからです。あの人にはあの人の幸せがあり、わたしにはわたしの幸せがあると割り切って、黙々と自分の使命を果たしていく。どうやら、それが一番よさそうです。

22

答えを出す必要はありません

ただ相手と一緒に喜び
相手と一緒に悲しめば
いいのです

†

喜ぶ人と共に喜び、
泣く人と共に泣きなさい。
（ローマ12：15）

そっと寄り添う

　神父としてさまざまな悩みの相談を受けますが、その中で最も多いのは対人関係の悩み。とりわけ、子どもや配偶者、友人、会社の部下などとの関係の中で、「わたしは相手のことを思っていってあげているのに、相手がいうことを聞いてくれない」というものです。「わたしの方が経験も豊かだし、いろいろなことを考えていっているのだから、わたしのいうことを聞いた方がいいに決まっている。なのに、なぜ聞いてくれないんだ」、そういって相手を責めたくなる気持ちは、わたしもよくわかります。わたし自身、そのような気持ちになり、実際に相手を責めてトラブルになったことがあるからです。

　わたしがいま最も反省しているのは、そのようなときに、わたしが相手を上からの目線で見ていたことです。わたしは、まるで自分が相手のことを相手よりよく知っているような話し方をしていました。しかし、よく考えてみれば、わたしの経験はあくま

でわたしの経験であって、相手の人生に当てはまるとは限りません。相手には相手の人生があり、それはわたしとは違うのです。相手の人生の中で、何が一番よいことなのか。それを決められるのは、その人生を実際に生きている本人だけでしょう。本人が、「自分が本当にやりたいのはこれだ」と見極め、自分自身で選んでいく。それ以外にないのです。

　もし相手のことを本当に思っているなら、わたしたちがすべきことは、自分で自分の人生を選ぼうとして悩み、苦しんでいる相手に寄り添うことだけではないか。わたしはいま、そう思っています。相手が喜んでいるなら、相手と一緒に喜び、相手が悲しんでいるなら、相手と一緒に悲しむ。そうやって相手と一緒に、相手の人生の中で何がよいことなのかを探していく。相手がアドバイスを必要としているなら喜んで提供するが、決してそれを押しつけない。それが、わたしたちに与えられた役割なのでしょう。「相手にとって何が一番いいのだろう」とまで考える必要はありません。ただ、そっと相手に寄り添えばいいのです。

23

相手を見下さない人

喜んで奉仕する人

そんな人こそ
本当に偉い人なのです

†

あなたがた皆の中で
最も小さい者こそ、
最も偉い者である。
（ルカ 9：48）

本当に偉い人

　聖書には、イエスの弟子たちが、「自分たちの中で誰が一番偉いか」と言い争う場面が何度も出てきます。どんな言い争いだったか具体的なことは書かれていませんが、たとえば、「わたしはイエスから、こんな言葉をかけてもらった」とか、「イエスの言いつけ通りにして、こんな手柄を立てた」とか、そのようなことで競いあっていたのでしょう。

　そんな弟子たちに向かってイエスは、「あなたがた皆の中で、最も小さい者こそ、最も偉い者である」といいました。あなたたちは、わたしとの近さや、手柄の多さを競いあっているけれど、偉いとはそういうことではない。偉ぶって他人を見下さない人、みんなの下に立ち、自分が奉仕されることより人に奉仕することを喜ぶ人、そのような意味で、あなたたちの中で「最も小さい者」こそが最も偉いというのです。この基準で考えれば、「自分たちの中で誰が一番偉いか」などという言い争いを始めた時

点で、その人たちの中に偉い人は誰もいないことになります。弟子たちは、返す言葉がなかったでしょう。

　現代の社会でも、自分たちの中で「誰が一番偉いか」という争いが起こることがあります。自慢話をしたり、相手の弱点を攻撃したりして、互いにマウントを取りあうというようなことが、ときとして起こってしまうのです。調子に乗ってそんな言い争いに参加してしまい、馬鹿にされたり、痛烈な嫌みをくらったりしてしょげかえる。そんな体験は、きっと誰にでもあるのではないでしょうか。

　わたしはそんなとき、イエスの教えを思い出して反省します。本当に偉い人とは、偉ぶって人を見下したりしない人、人が見ていないところで黙々と奉仕する人のことだった。「誰が一番偉いか」という議論に参加した時点で自分は負けていた、そんなふうに思うのです。自分のことを見下す人がいても、気にする必要はありません。本当に偉いのは、決して人を見下さない人、人目につかないところで黙々と奉仕する人なのです。

おわりに

　キリスト教は、いまから2000年前に生きたイエス・キリストを「救い主」と信じる宗教なのですが、そんなことをいわれても、ピンとこない人は多いでしょう。わたしも、最初はそう感じたので、その気持ちはよくわかります。どういうことなのか、わたしなりに理解したことをお話ししましょう。

　そもそも、「救い」とはなんでしょう。「救い」とは、簡単にいえば、自分が自分を受け入れられること、「わたしは、わたしのままでいいんだ」と思えることではないでしょうか。もちろん、努力しなくていいということではありません。幸せになろうとして精いっぱい努力しながら、失敗ばかりしている自分。思った通りに生きられない不器用な自分を受け入れ、「わたしはわたし。このままでいいんだ」と思えたときに心を満たす安らぎ。それが「救い」だと、わたしは思っています。

　ですが、わたしたちはなかなかそう思うことができません。つい他人と自分を比較して、「こんな自分ではダメだ」と自分を責めてしまうのです。わたしも、そんなことがよくあります。わたしが聖書を開くのはそんなときです。精いっぱい努力しているのだけれど、努力が空回りし、失敗ばかりしている弟子たちと、その弟子たちをあたたかく見守るイエスの話を読んでいるうちに、わたしの心は少しずつ穏やかになっていきます。「自分をそんなに責める必要はない。頑張っている自分を、ちゃんと認めてあげよう」という気持ちになり、自分を受け入れられるようになっていくのです。「ああ、救われた」とわたしが感じるのはそんなときです。

　この本を読んでみて、みなさんはどう感じたでしょうか。少しでも「救われた」と思える部分があったなら、この本を書いた甲斐があるというものです。「あなたはあなたのままでいい」と、わたしたちを丸ごと受け入れてくれる聖書のメッセージが、この本を通して一人でも多くの方に届くことを願っています。みなさんの心に、この「救い」が届きますように。

2023年12月　片柳弘史

〈著者略歴〉

文・片柳弘史 （かたやなぎ・ひろし）

1971年埼玉県上尾市生まれ。1994年慶應義塾大学法学部法律学科卒業。1994〜95年コルカタにてボランティア活動。マザー・テレサから神父になるよう勧められる。1998年イエズス会入会。2008年上智大学大学院神学研究科修了。現在は山口県宇部市で教会の神父、幼稚園講師、刑務所の教誨師（きょうかいし）として働く。『こころの深呼吸〜気づきと癒しの言葉366』『やさしさの贈り物〜日々に寄り添う言葉366』（いずれも教文館）が第8回及び第11回キリスト教書店大賞受賞。『世界で一番たいせつなあなたへ〜マザー・テレサからの贈り物』『何を信じて生きるのか』（いずれもPHP研究所）など著作多数。全国放送のラジオ番組「心のともしび」原稿執筆者。

● 片柳神父のブログ「道の途中で」
　https://hiroshisj.hatenablog.com/
● X（旧ツイッター @hiroshisj）やインスタグラム、
　facebook からも情報を発信しています

絵・世界中に笑顔を広げるアーティスト RIE （りえ）

1982年大阪府堺市生まれ。2002年京都嵯峨芸術短期大学陶芸学科卒業。2005年ボルネオ島のある村を訪れ一人の少女に出会う。貧しくても、感謝の気持ちと笑顔を忘れない少女との触れ合いを通して「きっと豊かさは彼女の心の中にあるのだろう」と感じる。帰国後、ボルネオ島滞在で気づかせてもらった「心の豊かさ・人の温かさ」を日本中に、そして世界中に広げたいという想いを込めて絵を描き続けている。2011年宮城県南三陸町を訪問。震災復興支援の絵を贈呈。2014年『愛をうけとった日』（学研プラス）、2015年『世界で一番たいせつなあなたへ〜マザー・テレサからの贈り物』、2016年『あなたのままで輝いて〜マザー・テレサが教えてくれたこと』（いずれもPHP研究所）などを出版。2020年奄美大島へ移住。2021年日本テレビ「誰も知らない明石家さんま」画商企画出演。その他、個展等幅広いジャンルで活躍している。

2012年
ANA創立60周年記念
機体デザイン
コンテスト
大賞受賞

● 公式HP：https://www.mongara-art.com/

ブックデザイン　本澤博子

あなたは あなたのままでいい
とっておきの聖書のことば23

2023年12月26日　第1版第1刷発行

著　　　　者	片柳弘史（文）	
	RIE（絵）	
発　行　者	岡　修平	
発　行　所	株式会社PHPエディターズ・グループ	
	〒135-0061　江東区豊洲5-6-52	
	☎03-6204-2931	
	https://www.peg.co.jp/	
発　売　元	株式会社PHP研究所	
	東京本部　〒135-8137　江東区豊洲5-6-52	
	普及部　☎03-3520-9630	
	京都本部　〒601-8411　京都市南区西九条北ノ内町11	
	PHP INTERFACE　https://www.php.co.jp/	
印刷所・製本所	図書印刷株式会社